Collana

Carmina Moderna

- 9 -

ANDREA PINTO

DESERTO DI SALE

Canzoni e poesie

SALT DESERT

Songs and poems

con il contributo della
Regione Campania

Revisione del testo a cura di

Lorena Caccamo
Facebook: LoreCa Servizi Editoriali
email: loreservizieditoriali@gmail.com

Traduzione in inglese
a cura dell'Autore

Sede legale: via degli Imbimbo 8/E
Sede operativa: via Luigi Amabile 42
83100 Avellino
tel. 340/6862179
e-mail: info@ilterebintoedizioni.it
www.ilterebintoedizioni.it

Indice

Deserto di sale
Canzoni e poesie

Prefazione

Un sogno che grida

Un'unica linfa attraversa questo racconto, fatto di canzoni e poesie, partendo dalle radici dell'autore, affondate in quel *deserto di sale,* nel quale il lettore non si aspetterebbe vita, e che pure lascia spazio ad un *sogno che grida.*

Ed è il grido di un uomo che, di fronte al *limite oscuro* che rende "incerta" la rotta del *battello*, può ancora sperare, combattere *tra vermi, serpenti e ortiche latenti*, fino a cambiare la rotta e ad iniziare a "dipingere i colori" e a "colorare i fiori" in quello stesso *deserto di sale.*

Da quelle *radici* la linfa raggiunge il *fusto.* L'*albero della vita* si imbatte nell'"altro", aprendosi all'*intimità di un amore antico*, che, tra *sospiri e immagini*, consente all'uomo di *scoprire un'altra identità.*

Andrea canta la purezza di quell'amore antico, che esploderà e darà la sicurezza, la stabilità che soltanto due amanti *incastonati nel buio di pietra* possono sperimentare.

Dalle radici ecco una spinta sempre nuova verso l'*Eterno*, come le *radici* di Dafne, che, dopo il *bacio ebbro di ansietà*, non si sottomette ad Apollo, ma nella sua metamorfosi, che radica al terreno la castità di un amore pure eterno, canta, insieme all'autore: *voglio vivere più in là*, lasciando anche al lettore la possibilità di *vedere, attraverso questa porta,* l'*eternità*.

E la "linfa" raggiunge i "rami", che si protendono, in diverse forme e in diversi colori, verso il cielo... Attraverso quei rami l'autore ci fa intravedere "scorci" di un mondo nel quale *Siamo tutti angeli che han smarrito la via dentro a questa ipocrisia*, nella quale *la gente cerca l'esteriore*. Possiamo sentirci anche noi *Viaggiatori nel tempo*, che *qui sulla terra* hanno perso la loro strada, pur respirando *l'aria tersa di una vita immacolata*.

Ma l'impatto, allo stesso tempo forte e malinconico, contro l'ipocrisia non genera soltanto un grido di protesta, ma anche un grido di aiuto e proprio i versi sembrano correre in aiuto dell'uomo "soffocato dal tempo", quando ci invitano a *salpare* sull'Arcadia insieme all'autore – Capitan Harlock, aprendoci alla speranza di chi *un giorno sa che volerà dove non c'è più gravità*, quando *l'arcobaleno dipingerà il cielo oscuro di questa età*.

Nella poetica dell'autore l'uomo prigioniero della vita è lo stesso uomo che, intessuto di sogni, insegue ogni alito di libertà. È questo l'uomo che dà voce al *nostro domani*!

È il canto dell'uomo che non abbandona la nave della vita, nonostante navighi alla deriva, che cerca la sua Felicità proprio qui, sulla terra, giù tra i vizi dell'inferno. Neppure la guerra dalla fronte arcigna, neppure le macerie di un Paese in fiamme, quando gli orologi battono le ore del regresso umano, potranno oscurare il cielo infinito della misericordia.

Sarà il sapore delle lacrime a rendere manifesto l'infinito amore del creato.

È Andrea che prende la mia mano, che mi invita nel giardino invisibile dei sogni, dove potremo essere per sempre liberi. Non avremo paura di camminare di nuovo all'inferno, se ci sarà dato di vivere anche soltanto un ultimo giorno in Paradiso.

Andrea ci invita a *leggere attentamente le avvertenze*, prima di iniziare il viaggio nel suo mondo...

E noi...sceglieremo di lasciarci curare l'anima dalla sua poesia ...?

Claudio Saporito

Deserto di sale

Perso il battello, incerto avanza
Porta con sé la speranza
Deserto di onde, comincia la danza
E sparso nel tempo, un uomo avanza
Cera di luna, danza di sole
Nei giorni rubati di nero fragore
Vidi già il rosso e scoprii anche il nero
Fiore di loto per sempre essiccato
Cinico passo dal tempo assorbito
Turbine lento mai guarito

Avanza... e avverti la distanza
Distanza... che non è più una danza
Colora i fiori, dipingi i colori
Tra vermi e serpenti e ortiche latenti
Nel centro disperso di un nuovo lamento

Nero il sigillo, ha perso le ali
E l'anima breve ci ha resi animali
Dispersi e assopiti in questo destino
Con l'aura affogata nel mondo cretino
Ancora una volta un deserto di sale
Un nodo alla gola che fa sempre male
Un sogno che grida e che scompare
Un limite oscuro da superare

Avanza... e avverti la distanza
Distanza... che non è più una danza
Colora i fiori, dipingi i colori
Tra vermi e serpenti e ortiche latenti
Nel centro disperso di un nuovo lamento

Sospiri e immagini

Risvolti onirici da favola
Aspettano solo di perdersi,
I suoi occhi azzurri mi segnano,
Succhiandomi il cuore dall'anima,
In ogni sospiro c'è un limite
Incroci di sguardi e tenebre

Sospiri e immagini da favola
E lunghi silenzi da vivere
Aspettano solo di nascere,
Avvolti da un cielo di nuvole

E in questo mondo dipinto, di bianco il sogno esploderà
Noi, incastonati nel buio, di pietra, un'altra identità
La naturale illusione di questo mondo marcirà
L'intimità d'un amore antico e puro resterà

Sospiri e immagini da brivido,
Sognando la notte del secolo,
Non sento più niente e mi evito,
Immerso nel sogno più acido

E in questo mondo dipinto, di bianco il sogno esploderà
Noi, incastonati nel buio, di pietra, un'altra identità
La naturale illusione di questo mondo marcirà
L'intimità d'un amore antico e puro resterà

Disegno un rifugio senz'anima,
Aspettando solo di vivere,
Ma tu sei distante e mi eviti…

Nascosta nel buio di un incubo
Nascosta nel buio di un incubo
Nascosta nel buio di un incubo

Quarta dimensione

Mi sento chiuso e rifletto,
Sono assente, a parte spento,
La mia anima è rinchiusa
In quell'aura di serpenti
Di un'estate allucinante
Ah
Il mio corpo disteso cambia
Il suo bagno d'indifferenza
In un flusso di coscienza
Ah

Non voglio tornare più
Respiro bene quaggiù
Non so dove sono
Non so che cosa sono
Non me ne frega niente
Se non ho più coscienza

Compongo me stesso
Nel mio inconscio,
Trasporto i pensieri
Lontano un miglio,
Sicuro e distante
Da quest'inferno,
Mi sposo col tempo
Cercando un rifugio.
Smembrando la fame
Ricucio la mente
Nei raggi di sole

Che presto scompare,
Nel vento che soffia
E mi fa tremare,
Nel vento che soffia
E mi fa tremare
Ah

Non voglio tornare più
Respiro bene quaggiù
Non so dove sono
Non so che cosa sono
Non me ne frega niente
Se non ho più coscienza

Se non esiste il tempo
Se il mio corpo è freddo

Na na na nai na na
Na na na nai na na
Non so dove sono
Non so che cosa sono
Non me ne frega niente
Se non ho più coscienza

Non voglio tornare più
Non voglio tornare più
Non voglio tornare più
Non voglio tornare più

L’idea

Non importa se vai via
È che sento nell’idea
Tutto quello che vorrei
Ma che non afferro mai

Dentro a un mondo che sta là
Sorvoliamo un’altra età
E la luce brucerà
Forse l’ultima realtà
Realtà…

Ho fatto un altro errore, non mi nascondo più
E dentro il mio dolore, mi sentirai di più

Non importa cosa sia
Il profumo è nell’idea
Dove il tempo fugge via
E la notte è già magia
Se ti penso, cosa sei?
Sei un fantasma o cosa sei?
Nell’immensa prateria
Dei miei sogni scappo via
Scappo via…

Ho fatto un altro errore, non mi nascondo più
E dentro il mio dolore, mi sentirai di più

Ho fatto tanti errori, non mi nascondo più
Qui cambiano i colori, io non li vedo più
E cambia anche il sapore o quasi non c’è più

Non so se questo è amore,
Però mi manchi tu,
Però mi manchi tu,
Però mi manchi tu

Il mondo riflesso

Giorni che non passan mai,
L'ombra dei mie vecchi guai,
Gioventù che fugge via,
Sua maestà la porta via

Super noia immobile,
Il suo amore inutile,
Sogni e Dei dei giorni bui,
Dove è lei, dove siam noi?

Oggi il mio mondo
Va a pezzi
E noi ci siam persi
Cercando noi stessi
In mille momenti
Nei giorni riflessi
Da gioie e tormenti
Che scavano lenti

Universi labili
Dentro ai tuoi limiti,
Mete irraggiungibili,
Siamo umani e fragili

Oggi il mio mondo
Va a pezzi
E noi ci siam persi
Cercando noi stessi
In mille momenti
Nei giorni riflessi

Da gioie e tormenti
Che scavano lenti

Tutto si confonde già,
La mia mente se ne va,
Vola alta e libera
Oltre il cielo, ancora più in là,
Nella parte oscura che…
Si nasconde dentro me

Un solo riflesso
Di tutto me stesso:
Un mondo riflesso

Selene

Luna hai perso la tua via
Segui nel vento la magia
Rosa proibita d'utopia
Sfiori nel cosmo la follia

Cerchi un posto che non c'è
In quell'ombra accanto a te
Naufragando dentro me
Cerchi il sole ma non c'è

Notte, vorrei tu fossi mia
Mostrami ancora la mia via
Giochi perduti d'armonia
Forse eran solo una bugia

Cerchi un posto che non c'è
In quell'ombra accanto a te
Naufragando dentro me
Cerchi il sole ma non c'è

Si ritornerà
Persi nell'età
Di sorrisi e spine
Se sei qui con me
Se sei qui con me…

Luna dispersa dentro me
Solo rifletti il sole in te
Vivi di luce falsa che
Oggi ti porta via da me
Luna…

Sola tra due mondi

Momenti, frammenti
nei giorni vecchi e stanchi,
dormienti…
Deserti sommessi
a vecchi muri spessi,
silenzi…
Ricordi vibranti
e carichi pesanti,
pesanti…
Veemente, dolente
lo spirito si accende,
ascende

DAI SOGNI NON TI SVEGLI
PERSA IN QUEI MOMENTI
CONFONDI I TUOI RICORDI
SOLA TRA DUE MONDI

Struggente, latente
il buio si diffonde,
non mente
La notte pendente,
che sempre ci difende,
si espande

DAI SOGNI NON TI SVEGLI
PERSA IN QUEI MOMENTI
CONFONDI I TUOI RICORDI
SOLA TRA DUE MONDI

Vagante, costante
un vecchio suono errante
Ci sente, ci prende
ma è così distante,
distante

DAI SOGNI NON TI SVEGLI
PERSA IN QUEI MOMENTI
CONFONDI I TUOI RICORDI
SOLA TRA DUE MONDI
SOLA TRA DUE MONDI
SOLA TRA DUE MONDI

Viaggiatore nel tempo

Ti senti sempre più bello e complicato
È sempre più utopia essere amato
In questa notte splendida, argentata
La pioggia è lenta, la luna è la tua casa
Uhm, uhm, uhm, uhm

Se poi ti svegli un giorno
E non è più lo stesso
Vedi attraverso
Ogni rimpianto impresso
Scopri che abbiamo perso
Scopri che abbiamo perso

In questo tempo incerto e consumato
Nel tuo silenzio poi riprendi fiato
Verso l'ignoto viaggia la tua mente
Tra l'apatia delle coscienze
Uhm, uhm, uhm, uhm

Se poi ti svegli un giorno
E non è più lo stesso
Vedi attraverso
Ogni rimpianto impresso
Scopri che abbiamo perso
Scopri che abbiamo perso

Nell'aria tersa, vita immacolata
Qui sulla terra hai perso la tua strada
Mentre la gente cerca l'esteriore
E sempre meno, quello che hai nel cuore
Uhm, uhm, uhm, uhm

Se poi ti svegli un giorno
E non è più lo stesso
Vedi attraverso
Ogni rimpianto impresso
Scopri che abbiamo perso
Scopri che abbiamo perso

Sara, il mio tutto e il mio niente

Sara, tra sorrisi e confusione
È soltanto un'illusione
Che svanisce come un fiore
E a me resta una canzone…

Sara, ha i capelli sulla fronte
Imperlata di sudore
Gli occhi chiusi e ciglia nere
Labbra rosse ed un bicchiere

Questa sei tu, Sara
Sei il mio tutto e il mio niente
Quella che riempie i giorni miei
Nel labirinto dei sogni tuoi
Ah, ah, ah!

Sara, così bella che fa male
In silenzio cerca il sole
Nella notte del suo cuore
Mentre gioca col dolore

Questa sei tu, Sara
Sei il mio tutto e il mio niente
Quella che riempie i giorni miei
Nel labirinto dei sogni tuoi
Ah, ah, ah!

Questa sei tu, Sara
Sei il mio tutto e il mio niente
Quella che riempie i giorni miei

Nel labirinto dei sogni tuoi
Ah, ah, ah!

Sara, è di polvere di stelle
Soffocata nella pelle
Il mio tutto ed il mio niente
Il mio tutto ed il mio niente
Il mio tutto ed il mio niente
Il mio tutto ed il mio niente

Scorci

Siamo tutti angeli
Che han smarrito la via
Dentro a questa ipocrisia
Segue la mia malinconia

Ed il tempo vola via
Ma ci lascia la scia
Dei ricordi e degli anni
Dei nostri fantasmi

Siamo avvolti da nuvole
E crediamo alle favole
All'amore che poi non c'è
Nel silenzio dei perché

Ed il tempo vola via
Ma ci lascia la scia
Dei ricordi e degli anni
Dei nostri fantasmi

Ed il tempo vola via
Ma ci lascia la scia
Dei ricordi e degli anni
Dei nostri fantasmi
Tra gli amori rubati
E tra quelli vissuti
Tra speranza e utopia
Le rivolte e l'anarchia

Noi altri

Noi, viviam la vita a volte, noi
Sopravviviamo a tutto, noi
Portiamo sempre un marchio, noi
Siam disillusi e arresi

Noi abbiam scelto la vita
Potevam farla finita
Ma combattiamo il nemico
Ed il nemico sei tu
Ed il nemico sei tu

Noi, senza un lavoro spesso, noi
Siam troppo umani a volte, noi
In questo mondo ingiusto, noi
Ci rifugiamo spesso

Noi abbiam scelto la vita
Potevam farla finita
Ma combattiamo il nemico
Ed il nemico sei tu
Ed il nemico sei tu

Noi, pace e cultura questo è noi
Eterni bambini siamo noi
Siam quattro gatti strani, noi
Ci innamoriamo sempre, noi
Cerchiamo sempre di esser noi
Diventiam vecchi come voi
Siamo orgogliosi di esser noi
E di non esser come voi

Sogni d’altro tempo

Hey, siamo qua ma divisi a metà
Vieni via sulla scia di una vecchia poesia
Un sospiro e mai più in quel tempo che fu
Poi distrutto da noi… siamo dei, siamo eroi?

Senti già i miei brividi
Nell’immenso liberi

Hey, non ha età quella valle che sta
Dietro l’oscurità, tra illusione e realtà

Senti già i miei brividi
Nell’immenso liberi

Sogni d’altro tempo
Lividi che ho dentro
Siamo foglie al vento
Ombre nel silenzio

Siamo in bilico sai, più distanti che mai
Mentre il giorno è già qua, ci si sporca di già

Sogni d’altro tempo
Lividi che ho dentro
Siamo foglie al vento
Ombre nel silenzio

Siamo qua…

Dahlia's bar

Ogni giorno è un sogno
E non ti sveglio se sei qua,
Mostrami il tuo incanto,
Scruta nell'oscurità

Vogliamo già uscire
Dalla gabbia società,
Liberi di esser
Tutto quello che ci va

Final destination,
Siamo al Dahlia's bar
Lascia il mondo fuori
Vieni al Dahlia's bar
Oh!

Ogni giorno è un sogno
Ma la vita è tutta qua,
Ultimo rintocco,
Cerco la mia libertà

Penso al mio domani,
Forse lei ritornerà,
Siamo già ad Agosto,
L'ultima fermata è là

Final destination
Siamo al Dahlia's bar
Lascia il mondo fuori
Vieni al Dahlia's bar
Eh!

L’estate è già qua
Sole, odori e bar
L’aria brucia già
Sole, odori e bar!
Oh!

Final destination
Siamo al Dahlia’s bar, oh!
Lascia il mondo fuori
Vieni al Dahlia’s bar, eh!
Qui si vede il mare
Oltre la realtà...
Mille e più colori
Nel mio Dahlia’s bar!
Eh!

Il bacio di Dafne

Tutto ciò che ho dentro
nessuno lo capirà
Vedo, attraverso
questa porta, eternità
Quel che rappresento
come un fiore sboccerà
Sogno o son desto,
forse il mondo sparirà

Nel silenzio ho cercato un tempio,
il mio cuore non sente più
Nel frastorno ho guardato dentro,
dammi il bacio del mai più

Sento un fuoco dentro,
sono ebbro d'ansietà
Non mi sottometto,
voglio vivere più in là
Questa vita inganna,
non mi basta la realtà
Sogno o son desto,
il mio posto non è qua

Nel silenzio ho cercato un tempio,
il mio cuore non sente più
Nel frastorno ho guardato dentro,
dammi il bacio del mai più

Vedo un mondo perfetto,
ma non ci resisto più

Io che sono imperfetto,
preferisco andare giù

Nel silenzio ho cercato un tempio,
il mio cuore non sente più
Nel frastorno ho guardato dentro,
dammi il bacio del mai più

Tra sogno e realtà

Ripongo me stesso
nei suoi occhi così distanti
Cercando il suo odore
tra i relitti d'un amore

Giocando col tempo,
sembra ieri il ricordo
È un altro miraggio,
vado a fondo nel suo incanto,
tra sogno e realtà…

La notte non sa
Che l'alba è già qua,
Sospesa chissà
Tra sogno e realtà...

Parole distratte,
strade anguste
spesso imposte
Canzoni e illusioni:
il mio scudo d'emozioni,
tra sogno e realtà…

La notte non sa
Che l'alba è già qua,
Sospesa chissà
Tra sogno e realtà

La notte non sa
Che l'alba è già qua,

Sospesa chissà
Tra sogno e realtà
Tra sogno e realtà
La notte non sa
Che l'alba è già qua,
Sospesa chissà
Tra sogno e realtà
Tra sogno e realtà

Il cielo di Natale

(Canzone di un senza tetto)

La strada è un letto
e accanto a me
la neve è soffice
Il cielo è un tetto su di me
di stelle e lacrime

Seguo con gli occhi la realtà
tra luce e oscurità

Vi auguro un buon Natale
nel mondo che verrà
Col sogno d'un risveglio d'amore
un altro anno passerà

L'albero di Natale che
è sempre qui con me
m'illumina i ricordi
e tu mi guardi da lassù

Seguo con gli occhi la realtà
tra luce e oscurità

Vi auguro un buon Natale
nel mondo che verrà
Col sogno d'un risveglio d'amore
un altro anno passerà

Addobbi lucenti
di stelle cadenti

negli occhi distanti
di mille passanti

Vi auguro un buon Natale
nel mondo che verrà
Non ho altro che questa canzone
per l'anno che verrà
Il cielo...

Capitan Harlock

Capitan Harlock,
con i suoi sogni, va
veloce come il vento
Sembra un attore
in cerca di una parte
in questo mondo

Capitan Harlock,
tra vecchi muri e ombre,
vive in un ricordo
Il rock è morto, la gente cambia,
il sole brucia e non ci riscalda

Ma un giorno sa che volerà
Dove non c'è più gravità
L'arcobaleno dipingerà
Il cielo oscuro di questa età

Capitan Harlock,
l'Arcadia sta salpando,
mentre io mi risveglio
Giù tra gli avanzi
di vita e sogni al vento,
soffocati dal tempo

Capitan Harlock,
la gente soffre e non ha niente,
è dentro al buio silente
Vestiti nuovi e sorrisi già usati,
siamo soli e annoiati

Ma un giorno sa che volerà
Dove non c'è più gravità
L'arcobaleno dipingerà
Il cielo oscuro di questa età

Oggi la sola cosa che io inventerò
È un silenzio che a me parlerà
Oltre al tuo Dio che è soldi e vanità
Cerca nascosta dov'è la tua umanità

Un giorno lui ritornerà
Come in un film che non ha età
Non ci sarà più gravità
Mille colori di libertà
Capitan Harlock!

Desiderio

Lei non vede più se stessa
Nello specchio che ha lì accanto
Solo il tempo che ha ristretto
E che scivola sul suo letto…

Il suo cuore l'ha costretta
Rifiutando tutto il resto
Nella stanza che ha vicino
Stringe al seno ancora il suo cuscino

Il suo cielo è torbido
Un desiderio sintetico
Un brivido che non aspetta
Una paura dispotica

Lei è avvolta da un cielo nero
Questo è il prezzo di chi è sincero
Di chi scivola nel silenzio
Con la fata verde dell'assenzio

Il suo cielo è torbido
Un desiderio sintetico
Un brivido che non aspetta
Una paura dispotica

Lei volteggia su nell'aria
Coi suoi angeli e i suoi animali
Il suo affetto può deviare
Nell'ombra d'un mondo che scompare

E la gente non può capire
È troppo cieca per vedere
È lontana dal quel dolore
Dalla notte che penetra il tuo cuore

Il suo cielo è torbido
Un desiderio sintetico
Un brivido che non aspetta
Una paura dispotica

E si scivola più giù
Più giù, più giù
Più giù…

Profuma di ieri

Ricordi chi sei
Tu non sei più lei
Dov'è la mia via
Non è più poesia

Cerco spazio nei frammenti
Che restan di me
Chiudo gli occhi e nei risvolti
Non vedo che te
Nel silenzio che
Scava dentro me

Ricordi nel buio, che non è più tuo…

Ricordi laggiù
Le distese blu
Ricordi che poi
Soffocano in noi

Cerco spazio nei frammenti
Che restan di me
Chiudo gli occhi e nei risvolti
Non vedo più te
Nel silenzio che
Scava dentro me

Su vieni da me
Cercami in te
È tardi, lo sai
Non voliamo mai…

Chi sei?
Chi sei
Chi sei?

L'eccesso

Le luci della sera, il vespro a primavera
In un mondo che non ti parla più
Ricordo un'avventura che non fa paura
Là su una panchina, perso come te

Seduti a ciel sereno, senza alcun veleno
Con l'arcobaleno, soli io e te
Ricordo quando al sole
Riuscivo a sognare un mondo migliore!

Ma tutto ha un prezzo e dall'eccesso
Poi non ti svegli più
Il tempo scorre, la notte incombe
E ci sei solo tu

Siamo vicini e soli e sulle mie illusioni
Piogge di parole che mi uccidono:
Quelle che fanno male, portano al dolore
Spaccano il cuore

Ora tutto è più scuro, sono un po' insicuro
Ho creato un muro, ma confido in me
Guardo le stelle in cielo, in cerca di sollievo,
Anche se non ci credo!

Qui tutto ha un prezzo e dall'eccesso
Poi non ti svegli più
Il tempo scorre, la notte incombe
E ci sei solo tu

Qui tutto ha un prezzo e dall'eccesso
Poi non ti svegli più
Il tempo scorre, la notte incombe
E ci sei solo tu
Siamo il riflesso del nostro specchio
E quell'inganno sei tu

Siam prigionieri dei nostri sogni
E il cielo è sempre più su...

Un giorno imperfetto

Un giorno distratto, alquanto imperfetto…
L'odore del sesso non va più via
L'amore è illusione, ma a torto o a ragione
Ti sprofonda dentro e ti porta via

Senti l'aria che scivola
Persi, dentro a quest'anima

Più giù, dritti all'inferno
Persi in un solo momento
Cerchi il tuo cuore infranto
Giù, fra i ritagli del tempo

Le luci del giorno ti danno il tormento
Il buio, che hai dentro, non va più via
L'amore è un incanto, ma spesso è un inganno,
Magari è soltanto una follia

Senti l'aria che scivola
Persi, dentro a quest'anima

Più giù, dritti all'inferno
Persi in un solo momento
No, non c'è più risveglio
No, non c'è più risveglio

Un giorno distratto, alquanto imperfetto…
L'odore del sesso non va più via
Un giorno distratto…
L'amore che hai dentro non va più via

L’amore che hai dentro non va più via
Un giorno imperfetto

Luce opaca

Alzarsi ogni mattina
Con niente nella testa
E sono anni che mi va così
E quando sorge il sole
Sentirsi tanto male
Vorrei soltanto un'opportunità

Vorrei ci fosse un giorno
Svegliarmi al mattino un altro
Sentirmi accarezzare
Da un angelo speciale
Vorrei tu fossi qui
Ti cerco in ogni momento
Ma poi... non esisti

Struggersi dentro un fiore
E spesso naufragare
In cerca sempre dell'oscurità
E quando cessa il male
E questo gran dolore
Credere che questa è felicità

Vorrei ci fosse un giorno
Svegliarmi al mattino un altro
Sentirmi accarezzare
Da un angelo speciale
Vorrei tu fossi qui
Ti cerco in ogni momento
Ma poi... non esisti

Alzarsi ogni mattina
Per essere un attore
E recitare la tua libertà
Guardare fisso il sole
Sentirsi accecare
Da questa vuota luminosità

Romantica underground

Datemi un mondo lontano dal tempo
Datemi un sogno sicuro e distante
Datemi un modo per non pensare
Tante parole non servono a niente

Cercami, perdimi, cercami ancora
Vivimi, seguimi, vivimi ancora
Rompimi, piegami, piegami ancora
Cercami, perdimi, cercami ancora

Non vedo niente, mi sento distante
Ho perso il gusto – Non so se è giusto
Ma non mi pento e cerco me stesso
Giù nel mio mondo aspetto il momento

Cercami, perdimi, cercami ancora
Vivimi, seguimi, vivimi ancora
Rompimi, piegami, piegami ancora
Cercami, perdimi, cercami ancora

Stazione Unica

C’era una volta una città,
in un posto senza età
e c’era un treno fermo là,
nella Stazione Unica.
Poi c’era gente in fila che
stava partendo come me.
Tutto era grigio e lugubre
nella Stazione Unica

ROSAM CAPE, SPINAM CAVE
NOMEN EST OMNEN, SPINAM CAVE

Era già notte e vidi lei:
Sulla mia pelle un brivido,
Dentro i suoi occhi cercai me,
gli anni passati e i miei perché;
Dammi la mano, dimmi che
siamo ancora giovani...
Voglio fuggire via con te
dalla Stazione Unica

ROSAM CAPE, SPINAM CAVE
NOMEN EST OMNEN, SPINAM CAVE

Poi tutto a un tratto mi svegliai
e di colpo persi lei...
L’aspetto da anni sempre là:
nella Stazione Unica
nella Stazione Unica
nella Stazione Unica

Risveglio

È una questione di libertà,
in un mondo invisibile,
un risveglio dalla realtà
sai sarebbe possibile

Sì, è stupendo, sì,
ma è un sogno irraggiungibile
Sì, è stupendo, sì,
ma tu sei incontrollabile

Programmati per vivere
una vita impossibile,
dove tu non mi troverai,
perché a tutto c'è un limite

No, non mi basta più
e l'aria è irrespirabile
Persi dentro di noi,
la luce è irraggiungibile

Questi giorni che non passan mai,
tra i ricordi di chi si è spento sai
Questo cielo pesante, su di noi,
che ci lascia impotenti e soli ormai

Sogno a metà

Ogni giorno è come ieri,
in un sogno a metà.
La tristezza per amica
e la mia libertà

Ritornare sempre da capo
senza più dignità,
cavalcando ancora il vento
d'un'altra età

QUELL'AMORE CHE MI CONSOLA
NON MI BASTERÀ
PERSO DENTRO I TUOI UMORI
È TRA I RIFIUTI GIÀ

L'incertezza dell'aurora
dietro l'oscurità
di una guerra fratricida
che mai terminerà

In un mondo che va in malora,
cerco serenità.
Il segreto è un altro bicchiere
e tutto sparirà…

Oggi è un giorno come ieri,
in un sogno a metà

Un día de revolución

Sin ti non se que voy a hacer
El cielo quema la ciudad
Esconde siempre la verdad
Desastre generacional

¡Qué mal, qué mal!

El día que no sale el sol
Se me alegra el corazón
En esta luz-oscuridad
¡Qué mal, qué mal!

Hoy día ha salido el sol
Un día de revolución
Sin prisa me voy a soñar
La caña sube sin parar

¡Qué mal, qué mal!

El día que no sale el sol
Se me alegra el corazón
En esta luz-oscuridad
¡Qué mal, qué mal!

Ombre

Siamo i figli del pensiero
che si sposa col destino
Nel silenzio della notte
sotto il cielo del mattino

Siam le ombre sottostanti
che è difficile trovare
Sulle alture luccicanti
del tuo mondo ideale

Il nostro domani

Siamo intessuti nei sogni,
ma prigionieri della vita.
Cerchiamo l'amore in ogni cosa,
inseguendo ogni alito di libertà,
nell'illusione
di dar voce
al nostro domani

Alla deriva

Le mie ossa affondano nella carne
come una barca affonda i suo remi
nei flutti in tempesta

Il generoso mare mi trascina la mente
su un'isola che non c'è,
ove la brezza mi accarezza le labbra
e mi ricorda che sono vivo

Il profumo del sale e dei pini
arriva al sole,
mentre l'ombra di nere mosche metalliche
ne oscura la luce

Le stelle di Aristotele
cadono a picco dal cielo
creando i crateri della vergogna

Il Divino mi è manifesto
solo attraverso il creato
che, con il sapore delle mie lacrime,
m'inebria d'infinito amore

Tra le braccia della notte

Tra le braccia della notte
Ti vorrei più vicina,
Già lontano dalla gente
Che non vede, non ci sente

Tra le braccia della notte
Ho cercato il tuo respiro,
Eludendo forse il senso
Dell'incerto, d'un momento

Tra le braccia della notte
Ho cercato il mio destino,
Nel dolore del risveglio,
Nella nebbia del mattino

Il buco Nero

Nella volta celeste di Orione,
dal collasso di una stella
esplosa milioni di anni fa,
siamo giunti al silenzio dell'Io

Abbiamo appreso la conoscenza
dai pianeti morenti
e siamo stati inghiottiti dalla vita,
che ci ha plasmato il corpo,
ma distrutto l'anima

Ci siamo allontanati
per sempre dalla luce,
per sprofondare nelle voragini
d'un buco nero

Il colore dei sogni

La luce riflessa
all'ombra si specchia
Negli alberi ardenti
dei miei fallimenti

Tra rose sbocciate
e passioni andate
Vissute la sera
con l'alba che spera

Rivoglio il mio mondo
di sogni e aquiloni
Le estati infinite
di verdi illusioni

Per sentirsi umani

Ho venduto i miei occhi
all'oscurità delle tenebre
Nel silenzio d'un mondo indifferente
alla fame degli uomini

Ho dipinto il cielo di nero
per eclissare un sole
d'ipocrisia ustionante

Ho arrestato il mio passo
per nascondermi all'ombra
d'un passato arreso

Ho camminato verso il cielo
tra le ceneri di individui pensanti
che hanno abbassato lo sguardo
PER SENTIRSI UMANI

Per sempre

La mia mente
le accarezza la pelle
e le bacia le labbra
attraverso una poesia

Il suo fascino è quello
dell'innocenza alcolica
che trasuda lacrime
dalle orbite del pensiero

Il suo respiro si avvicina al mio
per confondersi
nell'infinito
dei nostri battiti

I nostri cuori sono cristallo liquido
nella fornace del tempo
dove un vortice di fuoco
ci unirà per sempre

Dietro il sipario

Assetati di potere,
veneriamo i nostri peccati
tra le verità di convenienza
e la morte della coscienza

La luce risplende
sulla valle dei perdenti,
mentre naufraghiamo
nell'oasi dei ricordi ardenti

Un sorriso tuonante
risplenderà tra le fiamme:
vendetta della gente
non più dormiente;
scavalcando il sole,
a cavallo del vento,
toccheremo il Cielo con la mente

La nostra scienza
avvelena la terra
col gelido silenzio
dell'indifferenza

E un sipario pietoso,
calato sul mondo,
nasconde le nostre colpe
negli abissi del tempo…

Un sorriso tuonante
risplenderà tra le fiamme:

vendetta della gente
non più dormiente;
scavalcando il sole,
a cavallo del vento,
toccheremo il Cielo con la mente

Crocifissi e immobili,
avanzeremo incerti
verso il nuovo tempio,
nel metaverso inverso
di ogni eccesso

Mezza estate

La pioggia lenta
che bagna la mia testa
spesso mi desta

Felicità

Felicità soffusa
al dolce sol di Primavera
Ti ho cercato e trafugato
tra le ombre del passato

Giù tra i vizi dell'inferno
ti ho scambiato per l'eterno
Ma eri sempre più lontana
più dolente e più malsana

Ti ho cerçata in ogni viso
tra gli avanzi di un sorriso
Nel barlume di un amore
che mi ha soffocato il cuore

L'inevitabile e lucida apparenza delle cose

E da un sogno mi svegliai
all'ombra del futuro,
nell'inconsapevole remissione
di un silenzio d'acciaio

Incredulo e incerto
camminai sul sentiero di un'idea,
tra le fauci divoratrici
della gogna del tempo

Avanzai nella notte
all'alba della mente,
evitando l'inevitabile,
raggiungendo l'irraggiungibile

E in un sogno mi svegliai
all'apice del presente,
nell'inevitabile e lucida apparenza
di tutte le cose

Leggere attentamente le avvertenze
(Questa non è una poesia)

Non so comunicare le mie virtù,
non riesco a capire il significato
del mio nome, negli impeti degli impulsi improvvisi

Non so parlare del più e del meno con la gente
e non me ne frega niente dei giudizi gratuiti
di chi non mi conosce

Ho deciso di essere "io" da quando sono nato,
con tutti i pro e i contro della mia scelta

Ho perso deliberatamente
quelle che molti chiamano "occasioni",
ma che per me rappresentano solo "sconfitte"

Ho scelto di vivere da "perdente",
per non perdere me stesso

Ho sbagliato tante volte,
assumendomi le mie responsabilità

Ho vissuto la mia vita
secondo i mie canoni
e con tutti i mie limiti

Ho visto tante cose,
invecchiandoci dentro

Ho odiato me stesso all'infinito,
per riscoprire il significato dell'amore

Trenta denari

Tra i ruderi della nostra innocenza,
l’altare sacrificale dell’odio
celebra la sua vittoria

Il cielo infinito della misericordia
si nasconde nel silenzio
delle macerie di un Paese in fiamme

La guerra dalla fronte arcigna
ha reciso il fiore della nostra gioventù,
nell’ambizione d’un infausto trionfo,
tra le orchidee morenti
dei nostri sogni

Le lacrime del passato
ritornano alla terra
e i corpi mutilati dei soldati
sono l’emblema del fallimento
del genere umano

L’insaziabile sete di potere
ha divorato i suoi figli,
nella “culla dei giganti”

E la vergogna d’un calice di sangue,
“versato per la pace”,
ci strapperà gli occhi
per impedirci di vedere
l’oscurità delle tenebre

Il tormento delle stelle
ci chiamerà a loro
per riportarci alle origini:
a quell'innocenza primigenia
sprofondata nel fango
e venduta per trenta denari

Ca' delle anime

L'odore di rosa
nasconde un segreto,
tenuto sospeso
nel tempo che fu.
L'ignaro viandante,
da tempo assopito,
è stato già ucciso
e ormai non c'è più

LA VECCHIA LOCANDA
DI SANGUE MAI STANCA
HA FAME DI TE
E DENTRO LA STANZA
CULLANDOTI A MORTE
RESPIRA CON TE

La notte è iniziata
e mai terminata
per l'uomo che "pasto"
è già diventato…
Un grigio soffitto,
calatogli a picco,
gli soffocò il petto
e ormai non c'è più

LA VECCHIA LOCANDA
DI SANGUE MAI STANCA
HA FAME DI TE
E DENTRO LA STANZA
CULLANDOTI A MORTE
RESPIRA CON TE

Giù, tra i commensali,
l'odore del male
si sente di più,
Tra vino e pietanze
di carne e lamenti
d'un uomo che fu

L'odore di rosa
nasconde un segreto,
tenuto sospeso
nel tempo che fu.
L'ignaro viandante,
da tempo assopito,
è stato già ucciso
e ormai non c'è più

Il pianeta delle scimmie

Accendo la TV e vedo il diavolo
che si nasconde nel finto perbenismo
e nelle forme sinuose dell'IGNORANZA
Le favole che ci avevano raccontato
da bambini
sono svanite,
lasciando il posto
a una valigia di illusioni incompiute

La negligenza dell'ego
si è assuefatta all'ozio
di una vita arresa;
e le aspettative del domani
hanno ceduto il passo
alle abitudini
di un presente "assente"

Le nostre orme stanche
ci trascinano all'ombra del sole
e alla perenne ricerca
di un sogno irraggiungibile

Una natura congenita
ci ha asserviti al potere,
mentre un istinto innato
ci ha aperto la strada
della SPERANZA

Una lotta impari
ci ha rubato l'orgoglio

e ci ha venduti al circo del tempo,
ove scimmie meschine
cantano la VERGOGNA
di un Paese in rovina

Hic et nunc
(Qui ed ora)

Nell'era tecnologica dell'immagine,
siamo diventati il sub prodotto
delle nostre futili ambizioni

In un mondo massificato e degradante,
risucchiati dal regresso storico
della propaganda,
ci siamo consacrati
al cimelio dei falsi eroi

Prigionieri di un materialismo imposto
e mascherati da vincenti,
avanziamo, ciechi, nel limbo dei perdenti

Nevrotici, insoddisfatti
e prigionieri dei nostri sogni malati,
affondiamo le radici in questa terra
assetata di sangue

Siamo macchine
programmate all'estinzione,
in un labirinto angoscioso
chiamato "vita"

Cyberman

L'idea è tempo
e vive nel futuro.
Il tempo, quantificato, mercificato e imbruttito,
è stato rubato all'eternità.
Gli orologi battono le ore del regresso umano,
nella costante di un capitalismo distruttivo.

Il presente non esiste,
perché siamo proiettati verso un divenire dispotico
che non vuol fermare la macchina produttiva del potere.
Il passato, dimenticato e sepolto nella fossa della verità,
è solo una bugia perversa di convenienza.

La razionalità umana
finge di non vedere l'orrore
e si consola tra i falsi miti del progresso.
Più visionaria è l'idea e più genera sofferenza.
Dopo anni di incessanti esperimenti e ricerche,
possiamo dire di aver raggiunto anche l'immortalità:
infatti confluiremo tutti in un impalpabile raccolta dati,
dove vivremo per sempre, in eterno.

I computer si fonderanno insieme agli uomini,
abbandoneranno la loro attuale sagoma,
ed entreranno nel tessuto della vita stessa,
sviluppando un più elaborato
e disumano tipo d'intelligenza.
E noi, nella parabola discendente,
di una perpetua dissolvenza embrionale,
vivremo imprigionati nelle nostre creazioni,
vittime inconsapevoli di un'idea.

Il canto del senzatetto

Sono in strada
Soffia il freddo vento
L'albero di Natale è alle mie spalle
Non ho un posto dove vivere
Riesco solo a sentire
I miei ricordi dentro di me

Ma nei miei sogni c'è troppa oscurità
Per poter vedere un altro mondo stanotte

Vi auguro un Buon Natale
E un Felice Anno Nuovo!
Vi auguro un Buon Natale
E un Felice Anno Nuovo!

Il mio cane è con me
Non ho una famiglia
Il mio soffitto è il cielo
Ho scelto la mia vita
Non posso negarlo
Le stelle sono diventate la mia guida

Ma nei miei sogni
Voglio vedere un altro mondo stanotte

Vi auguro un Buon Natale
E un Felice Anno Nuovo!
Vi auguro un Buon Natale
E un Felice Anno Nuovo!

Babbo Natale sta arrivando
Lo vedo volare
Come quando ero bambino
Posso toccare il cielo

Non ho nient'altro da donarvi
Se non questa canzone
Vi auguro un Buon Natale
E un Felice Anno Nuovo!

Ninna nanna di Natale

Vorrei poter essere il tuo albero di Natale
Che splende nell'oscurità,
Dove soffia il vento più freddo
Vorrei poter far sorridere tutta la gente
In questo mondo vuoto,
L'amore sopravviverà sempre

Vorrei poter trovare una melodia
Che possa unire, in dolce armonia, gli altri
Vorrei poter vivere nell'illusione
Pensare che tutte le persone sono uguali e libere

Cantami una ninna nanna di Natale
Non avere più paura, Felice Anno nuovo!
Cantami una ninna nanna di Natale
Mai più guerra e genocidio!

Vorrei poter essere una nave magica
Che porta luce e pace a tutti i rifugiati
Vorrei poter fermare il tuo dolore stanotte
Guarire queste ferite, migliorare la tua vita

Cantami una ninna nanna di Natale
Non avere più paura, Felice Anno Nuovo!
Cantami una ninna nanna di Natale
Mai più guerra e genocidio!

Vi auguro un Buon Natale
E un Felice Anno Nuovo!

Vi auguro un Buon Natale
E un Felice Anno Nuovo!

Cantami una ninna nanna di Natale
Non avere più paura, Felice Anno nuovo!
Cantami una ninna nanna di Natale
Mai più guerra e genocidio!

Vorrei poter attraversare lo spazio e il tempo
Per stare con te per sempre
Vorrei poter cambiare me stesso, mia cara
Buon Natale e Felice Anno Nuovo!

Nuvola di porpora

Riposi la mia vita in un sogno
Cercai di rubare il cielo
Vissi in bugie d'argento
Intrappolato nel loro mondo

Si dice che un uomo, si dice che un uomo
Un giorno volerà via
Si dice che un uomo, si dice che un uomo
Assaporerà il cielo ancora

Vidi un angelo volare
Sentii la sua voce più volte
Nella mia mente confusa
Mentre morivo

Si dice che un uomo, si dice che un uomo
Un giorno volerà via
Si dice che un uomo, si dice che un uomo
Risorgerà dalle ceneri ancora

L'infanzia nei miei ricordi
Nuvola bianca dei miei sogni
Piacevolmente mi ubriaca
Allontanando le mie paure
Allontanando le mie paure
Allontanando le mie paure…

Bambino

Un senso di vuoto, di vuoto, è quel che sento
Non c'è nient'altro in cui credere
Se non nella mia tristezza e nel mio essere
Coperto ora dalla mia paura

Non c'è stato conforto
Quando stavamo crescendo
Perché niente è reale
E ora i miei oggi
Diventano i miei ieri
Perché niente è reale

Un senso di vuoto, di vuoto, è quel che sento
Come una scheggia nei miei sogni
Vedo ombre danzare in me
E mi manco, come le mie lacrime

Non c'è stato conforto
Quando stavamo crescendo
Perché niente è reale
E ora i miei oggi
Diventano i miei ieri
Perché niente è reale

E ora sto cadendo di nuovo
A volte vorrei riuscire a dormire!!!

Non c'è conforto
Quando diventiamo adulti
Perché niente è reale

Non c'è conforto
Il dolore si sta accumulando, adesso
E niente è reale

Bacio nero

Tutto quello che so… arrenderti
Dormi nel mondo che mi piace
Se vuoi distruggermi
Nota che sono ancora vivo
Se lo sai, arrenditi
Sveglia il tuo profondo silenzio, adesso
Ora dovresti arrenderti
Vedi la tua rivoluzione, adesso?

Se vuoi questo semplice livello
Se vuoi questa vita malvagia
Se vuoi questa maledetta autostrada
Se vuoi piangere

Le fiamme si stanno accendendo in me
Il fuoco sta bruciando nella mia mente
Se sto andando verso il nulla
Stanne certo che mi seguirai
Fuoco e fiamme dentro di me
Le nostre anime stanno bruciando adesso
La rivolta è come uno specchio
Ogni rumore potrebbe ucciderci adesso

Se vuoi questo semplice livello
Se vuoi questa vita malvagia
Se vuoi questa maledetta autostrada
Se vuoi piangere

Sento delle voci dentro di me
Solo l'amore può salvarmi l'anima
Ma ho l'inferno dentro
Non c'è più niente da temere

Se vuoi questo semplice livello
Se vuoi questa vita malvagia
Se vuoi questa maledetta autostrada
Se vuoi piangere

Ieri è oggi

Oggi, ho perso la mia fede
Ho ricordi nella mia mente
Oggi, ho sentito vecchie favole
Tutti i miei sogni erano rinchiusi all'interno

Lascerei spazi vuoti
Chiuderei gli occhi
Lascerei spazi vuoti
Ucciderei il dolore

Forse ho perso la mia identità
Penso di essermi perso

Oggi, vorrei toccarti
Vorrei toccarti, vorrei toccarti

Oggi, mi piace correre
Verso l'immagine del sole
Oggi, sto pagando per le mie colpe
Non conosco la mia strada

Lascerei spazi vuoti
Chiuderei gli occhi
Lascerei spazi vuoti
Ucciderei il dolore
Forse ho perso la mia identità
Penso di essermi perso
Oggi, vorrei toccare
Ancora una volta, mi piacerebbe sentire

Adesso, ancora una volta
La sua pelle, il suo triste sorriso

Oggi, oggi, oggi...

Caramella Amara

Puoi essere la mia eroina adesso
La notte sta arrivando, non sto piangendo
Puoi vincermi, puoi amarmi
Puoi assaggiarmi, puoi odiarmi

Non mi importa quello che dici
Non mi interessa, so che stai mentendo

Non c'è niente in cui credere se non in me
È così triste che tu abbia infranto tutti i miei sogni
Un altro giorno vissuto senza il sole
Un altro giorno divorato da neri insetti

Non mi sento bene e mi sono smarrito nel tempo
Dov'è la mia vita? Dov'è la mia mente?
Niente cambia, niente mi salva
Maledico il giorno in cui ti ho incontrato di nuovo

Non mi importa quello che dici
Non mi interessa, so che stai mentendo

Non c'è niente in cui credere se non in me
È così triste che tu abbia infranto tutti i miei sogni
Un altro giorno vissuto senza il sole
Un altro giorno divorato da neri insetti

Giallo Ambra

Giallo ambra
Passa attraverso le mie vene
Rivincita totale del mio dolore più profondo
Inquieto ardore divino
Che si dissolve nel buio

Secche fangose perdute
Dipingono questo mondo di giallo
E tutti i miei sogni
Sono dentro così gialli

Diventi così giallo
La tua anima è così gialla
Sei distrutto dal giallo
Dentro questo dolore

Giallo ambra
Fisso nella mia testa
È una vergogna e la mia unica fede
In questo momento di rabbia
Mi sento uno straniero

Giallo ambra è di nuovo con me
E fa breccia ancora una volta nel mio cuore
Giallo ambra brilla nel mio cervello
Dissolvendosi nell'oscurità

Diventi così giallo
La tua anima è così gialla
Sei distrutto dal giallo
Dentro questo dolore

Senza senso

E lo trovi senza senso
Passare accanto alla vita
In attesa di segnali
E non sapere
Perché sei lì
Tu ripeti te stessa

Ripetendo la tua vita
Ripetendo nuovamente la stessa performance
Ancora, ancora, ancora e ancora

L'amore è perduto nel silenzio
Lettere di sangue, libertà senza senso
Molti sguardi verso l'orizzonte
Molti sguardi verso l'orizzonte

Sto indossando la mia pelle
Sto avanzando verso il nulla
Penso che troveremo di nuovo una soluzione
Ti sto fissando
Mentre stai piangendo
L'amore si perde di nuovo nel silenzio
Sto pregando su una tomba
Per arrivare alla fede
Per giacere per sempre e mai più

L'amore è perduto nel silenzio
Lettere di sangue, libertà senza senso
Molti sguardi verso l'orizzonte
Molti sguardi verso l'orizzonte

L'amore è perduto nel silenzio
L'amore è perduto nel silenzio
L'amore è perduto nel silenzio
L'amore è perduto nel silenzio

Radio Mist

Questa radio stonata
Mi spezza il cuore, piccola
La mia dolce ragazza mi ama
Sono il suo nuovo hobby

Dov'è la mia mente, piccola?
È troppo lontana, tesoro

Non ho trovato nulla, nessuna via d'uscita
Qualcuno sta bussando alla mia porta,
Amore mio!

Questa radio stonata
Mi porta lontano, piccola
Dov'è il tuo amore, tesoro?
Forse è sparito, piccolo

Radio Mist mi chiama
Salvami la vita, ti prego

Non ho trovato nulla, nessuna via d'uscita
Qualcuno sta bussando alla mia porta,
Amore mio!

Bevi il mio sangue, tesoro
In questa nebbia, uccidimi
Dove sono, tesoro?
È casa mia, piccolo

Che posto, tesoro!
È la tua mente, piccolo

Non ho trovato nulla, nessuna via d'uscita
Qualcuno sta bussando alla mia porta
Amore mio!
Non ho trovato nulla, nessuna via d'uscita
Qualcuno sta bussando alla mia porta
Amore mio!

Rituale

Riesci a percepire le anime morte che si risvegliano?
Salta dentro le linee magiche
La luce dell'ombra divide la fine
E so che percepisci il suono

Vieni con me durante tutta la tempesta
Tu, solo, dentro il sogno
Inizia ora il gioco della notte
E so che percepisci il suono

Altri tipi di dolore per te
Portano via la tua mente, i tuoi occhi
Ogni vita non è la stessa
E so che non è troppo tardi

L'ultimo giorno in paradiso

Ritorno al tempo
In cui hai aperto gli occhi
E l'oscurità del peccato,
Sotto mentite spoglie,
Ha contorto la tua mente

È così difficile
Far finta di essere vivo
Quando i tormenti della giovinezza
Ti scavano dentro
E ti cambiano la vita

È il tuo ultimo giorno in paradiso
La luce svanirà
È il tuo ultimo giorno in paradiso
Camminerai di nuovo all'inferno
Yeah, Yeah

Brezza, portami a casa
Sulla scia del tuo vento
In quel posto dove
Potremo vivere
Di ricordi

È il tuo ultimo giorno in paradiso
La luce svanirà
È il tuo ultimo giorno in paradiso
Camminerai di nuovo all'inferno
Yeah, Yeah

Per favore, prendi la mia mano
Possiamo restare fino alla fine
Nel giardino invisibile
Dei sogni
Per sempre liberi

Salt Desert
Songs and poems

Preface

In Pursue of Beauty
Between Dream and Reality

What is beautiful and what is not? Does beauty even exist, or it's imaginary and appears to us to revive and elevate the soul, but however we try we cannot hold it, nor understand, nor comprehend it.

Beauty like a dream is intangible. The human soul in both happiness or misfortune is still magnificent and poetic lyrics convey sensations of this beauty.

And it is obvious why sadness, such a vague longing, almost always comes along with beauty. This comes from the transience of the moment, which cannot be grasped by hands, it is here one minute then gone the next. Roses in the garden are amazing, but their beauty is never lasting. The same for youth that floats away from us on the river of time. Most of us are lost. So maybe trying to pursue this light of ultimate beauty is the way "through anguished labyrinth called "life"?

What if not the craft of the poet to imprint on paper their illusions, the elusive idea of the beauty.

Andrea Pinto is not just a singer who writes his own songs, he is a minstrel who creates his melodies and touching lyrics out of his aching soul. A fragile soul struggling to find beauty in a harsh grey world that is so different from a dream.

The lucid images of a woman, which runs through Andrea's lyrics, is a stranger who is impossible to comprehend. Does she love him or maybe she is just lying? Her sweat is beads like, her eyes are distant, she is with him but she doesn't belong to him. He *kisses her lips through a poem*. When they are together she reliefs his pain. A woman magically transformed into a goddess by divine wine and cigarettes smoke. In vino veritas. Maybe the truth is really in the green absinthe or in *amber yellow*. Plunging into the darkness, he, like an artist, describes his beloved one in verses looking into her like in mirror. Trying to find himslef in this reflection of a dream.

Reality is not for his artistic soul. He does not thrive on daylight, only at night does his inspiration come. *Songs and illusions* are his *shield.*

We first met more than a decade ago in 2012 in the Medieval town of Lviv, West Ukraine.

We both had our shared circle of expat communication, people came from all over the world to this town, where people are friendly, cost of living is modest and the ladies are beautiful. As Andrea sings in his song "The Rest of Us":

We are often without a job
We are too much human sometimes
In this unfair world
We often take refuge

What is not a refuge was offered by this town in the Eastern Europe those days. The narrow cobbled streets filled with romanticism and poetic spirit. It was the city for lovers and those who wants to fall in love. So where else to find your inspiration than in places like this.

Lviv is a charming place even in the autumn and winters months which Andrea actually prefers. We met several times at expats networking parties and Andrea was always the center of attention either for his singing or just generally joking among friends. In everyday communication he is a light easygoing person, but all changes when he is performing. When he sings, he is always surrounded by a mysterious cigarette haze and an aura of creativity. His music has always been an excuse to meet interesting people and have a great time.

I remember those days my favorite Andrea's song was *Purple Cloud.* There was a creative video made by local production and our fellow expat Phil, who is very charismatic and reminds me Terry Pratchett, was asked to participate. Andrea sings *I put my life in a dream* and that could be easily a background song to those lazy warm summer nights.

In Lviv, Andrea Pinto has celebrity status of a talented Italian expat who sings and writes romantic songs. But not only romantic songs. There is still in his lyrics this pledge for humanity, critisizing our imperfect world of greed and lack of morality. Concern for the planet's survival not only in the given situation but with introduction of cyber. Human on this *Planet of the Apes* is already a mess, what can we expect if elites will create *Cyberman*?

But for the last ten years a lot has changed in Ukraine with the political incoherence, the Maidan revolution and following insurgencies and the war on the East. All these years of the war, Lviv remained a kind of safe harbor, where there was still room for creativity, meetings and romance. But, of course, human tragedy is reflected in Andrea Pinto's work. So reading through the lines one feels how these events have reflected in Andrea's lyrics. *Thirty Pieces of Silver*, *House Of Souls*, *Here and Now* resonated with me the most in the feel how the poet sees the turbulence in society and the war. This history unfloded goes through his artistic prism in poetry and strong metaphorical references are used to show the cruelty, senselessness of war.

In the meantime, he plays music and sings to help him get through. Stripping away the complexity of life and reducing it to survival, may have inspired a song about a homeless man called “Christmas Carol”. But the poet remains a poet, even in a destitute state, the image of a romantic penetrates. Someone who looks at the stars and would like to believe in the great beyond. I see in this vagabond Andrea himself:

I wish I can find a melody
Joining all the people in sweet harmony

It is so easy to disasemble Andrea’s songs for poetic philosophical quotations *Love is lost in the silence*, *We are all angels who have lost the way*, *I turn on the TV and see Devil*, *A cup of blood poured out for peace*.

Andrea’s compilation of song’s lyrics starts with Salted Desert song dedicated to anyone who seeks for refuge.

I want to thank you, Andrea, for this dedication and for all the great songs you wrote. Your humanism is like a beautiful beam of light in this dark times.

Olga Bereza

Salt Desert

The lost boat advances uncertain
It brings hope with it
Desert of waves, the dance begins
And scattered throughout time, a man advances
Moon wax, sun dance
In the stolen days of black noise
I already saw the red and I also discovered the black
Forever dried lotus flower
Cynical step absorbed by time
Slow, never healed rush

Go on... and feel the distance
Distance… which is no longer a dance
Color the flowers, paint the colors
Between worms and snakes and latent nettles
In the lost center of a new lament

Black the seal, it has lost its wings
And the short soul made us animals
Lost and asleep in this destiny
With the aura drowned in the stupid world
Once again a desert of salt
A lump in the throat that always hurts
A dream that cries out and disappears
A dark limit to overcome

Go on... and feel the distance
Distance… which is no longer a dance
Color the flowers, paint the colors
Between worms and snakes and latent nettles
In the lost center of a new lament

Sighs and Images

Fairy tale, dreamlike implications
Are just waiting to get lost,
Her blue eyes mark me
Sucking my heart out of my soul,
In every sigh there's a limit
Crossing glances and darkness

Sighs and magical images
And long silences to live
Are just waiting to be born,
Wrapped in a sky of clouds

And in this painted world,
the dream in white will explode
We, set in darkness, turned to stone, another identity
The natural illusion of this world will rot
The intimacy of an ancient and pure love will remain

Sighs and thrilling images,
Dreaming of the night of the century,
I don't feel anything anymore and I avoid myself,
Absorbed in the most acidic dream

And in this painted world,
the dream in white will explode
We, set in darkness, turned to stone, another identity
The natural illusion of this world will rot
The intimacy of an ancient and pure love will remain

I plan a soulless sanctuary,
Just waiting to live,
But you are distant and you avoid me...
Hidden in the darkness of a nightmare
Hidden in the darkness of a nightmare
Hidden in the darkness of a nightmare

Fourth Dimension

I feel closed and I reflect,
I am not here, I'm in part lifeless,
my soul is locked up
in that aura of snakes
of a hallucinating summer
Ah
my lying body changes
its bath of indifference
in a flow of consciousness
Ah

I don't ever want to go back
I breathe well down here
I don't know where I am
I don't know what I am
I don't really care
If I have no more consciousness

I compose myself
in my unconscious,
I carry thoughts
a mile away,
safe and distant
from this hell,
I get married with time
looking for a refuge.
Dismembering hunger
I mend the mind
In the rays of the sun
which soon disappears,

in the blowing wind
which makes me tremble,
in the blowing wind
which makes me tremble
Ah

I don't ever want to go back
I breathe well down here
I don't know where I am
I don't know what I am
I don't really care
If I have no more consciousness

If time does not exist
If my body is cold

Na na na nai na na
Na na na nai na na
I don't know where I am
I don't know who I am
I don't really care
If I have no more consciousness

I don't ever want to go back
I don't ever want to go back
I don't ever want to go back
I don't ever want to go back

The Idea

It doesn't matter if you go away,
I can feel in the idea
Everything I want
But that I can never grasp

Inside a world that is there,
Let's fly over another age,
And the light will burn
Perhaps the ultimate reality
Reality...

I made another mistake, I won't hide myself anymore
And inside of my pain, you will feel me more

It doesn't matter what it is,
The perfume is in the idea,
Where time runs away
And the night is already magic

If I think about you, what are you?
Are you a ghost or what are you?
In the immense prairie
Of my dreams, I run away,
I run away...

I made another mistake, I won't hide myself anymore
And inside of my pain, you will feel me more

I've made so many mistakes,
I don't hide myself anymore

Here the colors change,
I don't see them anymore
And the taste also changes or it's almost gone
I don't know if this is love,
But I miss you,
But I miss you
But I miss you

The Mirror World

Days that never pass,
The shadow of my old troubles,
Youth running away,
His Majesty takes it away

Super motionless boredom,
Her love so useless,
Dreams and Gods of dark days,
Where is she, where are we?

Today my world
Falls apart
And we got lost
Looking for ourselves
In a thousand moments,
In the days reflected
By joys and torments
That dig slowly

Labile universes
Within your limits,
Unattainable destinations,
We are human and fragile

Today my world
Falls apart
And we got lost
Looking for ourselves
In a thousand moments,
In the days reflected

By joys and torments
That dig slowly

Everything is already confused,
My mind goes away,
Flies high and free
Beyond the sky, even further,
In the dark side that...
Is hidden inside me

Only one reflection
Of all of myself:
A mirror world

Selene

Moon, you have lost your way
You follow the magic in the wind
You're a forbidden rose of utopia
Who touches the madness in the cosmos

You are looking for a place that doesn't exist
In that shadow next to you
Shipwrecking inside me
You look for the sun but it's not there

Night, I wish you could be mine
Show me my way one more time
Lost games of harmony
Maybe were just a lie

You are looking for a place that doesn't exist
In that shadow next to you
Shipwrecking inside me
You look for the sun but it's not there

We will return
Lost in the age
Of smiles and thorns
If you are here with me
If you are here with me...

Moon dispersed inside me
You reflect in yourself the sunlight
You live of false light that
Today takes you away from me
Moon...

Alone between Two Worlds

Moments, fragments
in the old and tired days,
sleeping...
Subdued deserts
to thick old walls,
silence...
Vibrant memories
and heavy loads,
heavy...
Vehement, painful
the spirit lights up,
ascends

YOU DON'T WAKE UP FROM DREAMS
LOST IN THOSE MOMENTS
MIX YOUR MEMORIES
ALONE BETWEEN TWO WORLDS

Struggling, latent
the darkness is spreading,
it doesn't lie
The pending night,
that always defends us,
expands

YOU DON'T WAKE UP FROM DREAMS
LOST IN THOSE MOMENTS
MIX YOUR MEMORIES
ALONE BETWEEN TWO WORLDS

Wandering, constant
an old errant sound
hears us, takes us
but it's so distant,
distant

YOU DON'T WAKE UP FROM DREAMS
LOST IN THOSE MOMENTS
MIX YOUR MEMORIES
ALONE BETWEEN TWO WORLDS
ALONE BETWEEN TWO WORLDS
ALONE BETWEEN TWO WORLDS

Time Traveler

You feel more and more beautiful and complicated
It is increasingly utopian to be loved
In this beautiful silver night
The rain is slow, the moon is your home
Uhm, uhm, uhm, uhm

Then if you wake up one day
And it's not the same anymore
You see through
Any imprinted regret
You find out we have lost
You find out we have lost

In this uncertain and consumed time
In your silence then you catch your breath
Your mind travels towards the unknown
Between the apathy of consciences
Uhm, uhm, uhm, uhm

Then if you wake up one day
And it's not the same anymore
You see through
Any imprinted regret
You find out we have lost
You find out we have lost

In the clear air, immaculate life
Here on earth you have lost your way
While people look at the outward appearance

And less and less what you have in your heart
Uhm, uhm, uhm, uhm

Then if you wake up one day
And it's not the same anymore
You see through
Any imprinted regret
You find out we have lost
You find out we have lost

Sara, My Everything and My Nothing

Sara, between smiles and confusion
Is only an illusion
That vanishes like a flower
And all I'm left with is a song...

Sara wears hair on her forehead
She's beaded with sweat
She's closed eyes and black lashes
Red lips and a glass

Sara, this is you
You are my everything and my nothing
The one that fills my days
In the labyrinth of your dreams
Ah, ah, ah!

Sara, so beautiful it hurts
In silence she looks for the sun
In the night of her heart
While she plays with pain

Sara, this is you
You are my everything and my nothing
The one that fills my days
In the labyrinth of your dreams
Ah, ah, ah!

Sara, this is you
You are my everything and my nothing
The one that fills my days

In the labyrinth of your dreams
Ah, ah, ah!

Sara, she's stardust
Smothered in the skin
My everything and my nothing
My everything and my nothing
My everything and my nothing
My everything and my nothing

Sights

We are all angels
Who have lost the way
Inside this hypocrisy
My melancholy goes on

And time flies away
But it leaves us the trail
Of memories and years
Of our ghosts

We are wrapped by clouds
And we believe in fairy tales
In love that doesn't exist
In the silence of the whys

And time flies away
But it leaves us the trail
Of memories and years
Of our ghosts

And time flies away
But it leaves us the trail
Of memories and years
Of our ghosts
Between the stolen loves
And those we lived
Between hope and utopia
Riots and anarchy

The Rest of Us

We live life sometimes
We survive everything
We always carry a mark
We are disillusioned and surrendered

We have chosen life
We could have ended it all
But we fight the enemy
And the enemy is you
And the enemy is you

We are often without a job
We are too much human sometimes
In this unfair world
We often take refuge

We have chosen life
We could have ended it all
But we fight the enemy
And the enemy is you
And the enemy is you

We are peace and culture, this is us
We are eternal children
We are four strange cats
We always fall in love
We always try to be us
We get old like you
We are proud to be us
And not to be like you

Dreams of Another Time

Hey, here we are but split in half
Come away in the wake of an old poem
A sigh and never again in that time past
Then destroyed by us... are we gods? Are we heroes?

You already feel my chills
In the immensity we are free

Hey, there's an ageless valley
Behind the darkness, between illusion and reality

You already feel my chills
In the immensity we are free

Dreams of another time
Bruises that I have inside
We are leaves blowing in the wind
Shadows in the silence

We are on rocky ground you know, farther apart than ever
We get dirty as soon as the day has begun

Dreams of another time
Bruises that I have inside
We are leaves blowing in the wind
Shadows in the silence

Here we are…

Dahlia's Bar

Every day is a dream
And I don't wake you up if you're here,
Show me your charm,
Scan into the darkness

We already want to go out
From the society cage,
Free to be
Whatever we like

Final destination
We are at Dahlia's bar
Leave the world outside
Come to Dahlia's bar
Oh!

Every day is a dream
But this is life,
Last toll,
I seek my freedom

I think about tomorrow,
Maybe she will come back,
We are already in August,
The last stop is there

Final destination
We are at Dahlia's bar
Leave the world outside
Come to Dahlia's bar
Eh!

Summer is already here
Sun, smells and bars
The air is already burning
Sun, smells and bars!
Oh!

Final destination
We're at Dahlia's bar, oh!
Leave the world outside
Come to Dahlia's bar, eh!
Here you can see the sea
Beyond reality...
A thousand and more colors
In my Dahlia's bar!
Eh!

Daphne's Kiss

Everything I have inside
nobody will understand it
I see, through
this door, eternity
What I represent
will blossom like a flower
Am I dreaming or am I awake,
maybe the world will disappear

In silence, I looked for a temple,
my heart no longer feels
In the daze I looked inside,
give me the never again kiss

I feel a fire inside,
I'm drunk on anxiety
I do not submit myself,
I want to live further
This life is deceiving,
reality is not enough for me
Am I dreaming or am I awake,
my place is not here

In silence, I looked for a temple,
my heart no longer feels
In the daze I looked inside,
give me the never again kiss

I see a perfect world,
but I cannot stand this much longer

Since I'm imperfect,
I prefer to go down

In silence, I looked for a temple,
my heart no longer feels
In the daze I looked inside,
give me the never again kiss

Between Dream and Reality

I put myself
in her distant eyes
Looking for her smell
in the wreckage of love

Playing with time,
it seems yesterday the memory
It is another mirage,
I fall down in her charm,
between dream and reality...

The night does not know
That dawn is already here,
Suspended who knows
Between dream and reality...

Distracted words,
narrow streets
often imposed
Songs and illusions:
my shield of emotions,
between dream and reality...

The night does not know
That dawn is already here,
Suspended who knows
Between dream and reality

The night does not know
That dawn is already here,

Suspended who knows
Between dream and reality
Between dream and reality
The night does not know
That dawn is already here,
Suspended who knows
Between dream and reality
Between dream and reality

The Christmas Sky

(Homeless song)

The road is a bed
and next to me
the snow is soft
Over me the sky is a roof
of stars and tears

With my eyes I follow the reality
between light and darkness

I wish you a merry Christmas
in the world to come
With the dream of an awakening of love
another year will pass

The Christmas tree that
is always here with me
lights up my memories
and you look after me from above

I follow the reality with my eyes
between light and darkness

I wish you a merry Christmas
in the world to come
With the dream of an awakening of love
another year will pass

Shiny decorations
of shooting stars

in the distant eyes
of a thousand passersby

I wish you a merry Christmas
in the world to come
I have nothing but this song
for the coming year
The sky...

Captain Harlock

Captain Harlock,
with his dreams, goes
as fast as the wind
He looks like an actor
looking for a role
in this world

Captain Harlock,
between old walls and shadows,
lives in a memory
Rock is dead, people change,
the sun burns and doesn't warm us

But one day he knows he will fly
where there's no more gravity
The rainbow will paint
the dark sky of this age

Captain Harlock,
Arcadia is sailing,
while I wake up
Down among the leftovers
of life and dreams thrown to the wind,
suffocated by time

Captain Harlock,
people suffer and have nothing,
they are inside the silent darkness

New clothes and smiles which are already used,
we are lonely and bored

But one day he knows he will fly
where there is no more gravity
The rainbow will paint
the dark sky of this age

Today the only thing I will invent is a silence that will
speak to me
Besides your God who is money and vanity,
seek where your humanity is hidden

One day he will return
Like in a timeless movie
There will be no more gravity
A thousand colors of freedom
Captain Harlock!

Wish

She cannot see herself anymore
In the mirror she has beside her
Only the time she has shortened
And that's slipping on her bed...

Her heart forced her
Refusing everything else
In the room she has next door
She still holds her pillow to her breast

Her sky is cloudy
A synthetic desire
A thrill that doesn't wait
A despotic fear

She is shrouded in a black sky
This is the price of those who are sincere
Of those who slip into silence
With the green fairy of absinthe

Her sky is cloudy
A synthetic desire
A thrill that doesn't wait
A despotic fear

She twists in the air
With her angels and her animals
Her affection can divert
In the shadow of a disappearing world

And people can't understand
They are too blind to see
They are far from your pain
From the night that penetrates your heart

Her sky is cloudy
A synthetic desire
A thrill that doesn't wait
A despotic fear

And you fall deeper down
Deeper down, deeper down
Deeper down…

It Smells Like Yesterday

Remember who you are
You're no longer the same
Where is my way
It's no longer poetry

I look for space in the fragments
That are left of me
I close my eyes and in the end
I see only you
In the silence that
Digs inside me

Memories in the dark, which is no longer yours...

Do you remember over there?
The blue expanses
Memories that then
Suffocate in us

I look for space in the fragments
That are left of me
I close my eyes and in the end
I don't see you anymore
In the silence that
Digs inside me

Come on, come to me
Look for me in you
It's late, you know
We never fly...

Who are you?
Who are you?
Who are you?

The Excess

The evening lights, the eventide in spring
In a world that doesn't speak to you anymore
I remember an adventure that is not scary
Over there, on a bench, as lost as you

Sitting out in the blue, without any poison
With the rainbow, just you and me
I remember when in the sun
I could dream of a better world!

But everything has a price, and from excess
Then you don't wake up anymore
Time passes, the night is upon us
And there is only you

We are close and alone, and on my illusions
Rains of words that kill me:
Those that hurt, lead to pain
And break the heart

Everything is darker now, I'm a little insecure
I created a wall, but I trust in myself
I look at the stars in the sky, looking for relief
Even if I don't believe it!

Here everything has a price, and from excess
Then you don't wake up anymore
Time passes, the night is upon us
And there is only you
Here everything has a price, and from excess

Then you don't wake up anymore
Time passes, the night is upon us
And there is only you
We are the reflection of our mirror
And that deception is you

We are prisoners of our dreams
And the sky is higher and higher....

An Imperfect Day

A distracted, highly imperfect day...
The smell of sex doesn't go away anymore
Love is an illusion, but rightly or wrongly
It sinks into you and takes you away

You feel the air that slips
Lost, inside this soul

Further down, straight to hell
Lost in a single moment
You look for your broken heart
Down, among the scraps of time

The lights of day give you the torment
The darkness, you have inside,
Doesn't go away anymore
Love is a charm, but it is often a trick
Maybe it's just madness

You feel the air that slips
Lost inside this soul

Further down, straight to hell
Lost in a single moment
You look for your broken heart
Down, among the scraps of time

A distracted, highly imperfect day...
The smell of sex doesn't go away anymore
A distracted day...

The love you have inside won’t come out
The love you have inside won’t come out
An imperfect day

Dim Light

Getting up every morning
With nothing in your head
And I've been like this for years
And when the sun comes up
Feeling so bad
I just would like a chance

I wish one day
I could wake up in the morning, to be someone else
Feeling myself caressed
By a special angel
I wish you were here
I seek you every moment
But then... you don't exist

Struggling yourself inside a flower
And often shipwrecking
Always looking for darkness
And when the evil
And this great sorrow stop
Believing that this is happiness

I wish one day
I could wake up in the morning, to be someone else
Feeling myself caressed
By a special angel
I wish you were here
I seek you every moment
But then... you don't exist

Getting up every morning
To be an actor
And to play your freedom
Staring at the sun
Feeling blinded
By this empty brightness

Romantic Underground

Give me a world outside of time
Give me a safe and distant dream
Give me a way not to think
So many words are useless

Look for me, lose me, look for me again
Live me, follow me, live me again
Break me, bend me, bend me again
Look for me, lose me, look for me again

I don't see anything, I feel distant
I lost my taste – I'm not sure that's right
But I don't regret anything and look for myself
Down in my world I wait for that moment

Look for me, lose me, look for me again
Live me, follow me, live me again
Break me, bend me, bend me again
Look for me, lose me, look for me again

One Way Station

Once upon a time there was a city,
in an ageless place
and there was a train stopped there,
in the One Way Station.
Then there were people lining up
that were leaving like me.
Everything was gray and gloomy
in the One Way Station

TAKE THE ROSE, WATCH FOR THORNS
YOUR DESTINY IS WRITTEN IN YOUR NAME,
WATCH FOR THORNS

It was already night and I saw her,
a shiver on my skin;
in her eyes I looked for myself,
the past years and my whys.
Give me your hand, tell me that
we are still young.
I want to run away with you
from the One Way Station

TAKE THE ROSE, WATCH FOR THORNS
YOUR DESTINY IS WRITTEN IN YOUR NAME,
WATCH FOR THORNS

Then I woke up
and all at once, I lost her.
I've been waiting for her there for years:
in the One Way Station

in the One Way Station
in the One Way Station

Awakening

It is a question of freedom,
in an invisible world,
an awakening from reality
you know it would be possible

Yes, it's gorgeous, yes,
but it is an unattainable dream
Yes, it's gorgeous, yes,
but you are uncontrollable

Programmed to live
an impossible life,
where you won't find me,
because there is a limit to everything

No, it's not enough for me anymore
and the air is unbreathable
Lost inside us,
the light is unreachable

These days that never pass,
among the memories of those who passed away
This heavy sky on us,
that leaves us powerless and alone by now

Half a Dream

Every day is like yesterday,
in half a dream.
Sadness as a friend
and my freedom

Starting all over again
with no more dignity,
riding again the wind
of another age

THAT LOVE THAT CONSOLES ME
WILL NOT BE ENOUGH
LOST IN YOUR MOODS
IT'S ALREADY IN THE GARBAGE

The uncertainty of the dawn
behind the darkness
of a fratricidal war
that will never end

In a world that goes down the drain,
I am looking for serenity.
The secret is another glass
and everything will disappear...

Today is a day like yesterday,
in half a dream

A Day of Revolution

Without you I don't know what I'm going to do
The sky burns the city
It always hides the truth
Generational disaster

Too bad, too bad!

The day the sun doesn't shine
My heart is happy
In this light-darkness
Too bad, too bad!

Today the sun is rising
A day of revolution
Without rushing I'm going to dream
Draft beer goes to your head non-stop

Too bad, too bad!

The day the sun doesn't shine
My heart is happy
In this light-darkness
Too bad, Too bad!

Shadows

We are the children of thought
that blends with destiny
In the silence of the night
under the morning sky

We are the shadows below
which are difficult to find
On the glittering heights
of your ideal world

Our Tomorrow

We are woven into dreams,
but prisoners of life.
We seek love in everything,
chasing every breath of freedom,
in the illusion
of giving voice
to our tomorrow

Drifting

My bones dig into the flesh
like a boat sinks its oars
in the stormy waves

The generous sea drags my mind
on an island that doesn't exist,
where the breeze caresses my lips
and it reminds me that I am alive

The scent of salt and pine trees
gets on the sun,
while the shadow of black metal flies
obscures the light

Aristotle's stars
steeply fall from the sky
creating the craters of shame

The Divine is manifest to me
only through the creation
that, with the taste of my tears,
inebriates me with infinite love

In the Arms of the Night

In the arms of the night
I would like you closer,
Already away from the people
Who don't see us, who don't feel us

In the arms of the night
I've been looking for your breath,
Perhaps eluding the sense
Of the uncertain, of a moment

In the arms of the night
I have been looking for my destiny,
In the pain of awakening,
In the morning mist

The Black Hole

In the celestial vault of Orion,
by a collapsing star
exploded millions of years ago,
we have reached the silence of the ego

We learned knowledge
from the dying planets
and we have been swallowed up by life,
that has shaped our body,
but destroyed our soul

We moved away forever
from light,
to sink into the chasms
of a black hole

The Color of Dreams

The reflected light
in the shade is mirrored
In the burning trees
of my failures

Among blooming roses
and ended passions
Lived in the night
with the hoping dawn

I want back my world
of dreams and kites
The endless summers
of green illusions

To Feel Human

I sold my eyes
To the shadows of darkness
In the silence of a world indifferent
To the hunger of men

I painted the sky black
To eclipse a sun
Of burning hypocrisy

I stopped my step
To hide myself in the shade
Of a surrendered past

I walked to the sky
Among the ashes of thinking individuals
Who lowered their gaze
TO FEEL HUMAN

Forever

My mind
Caresses her skin
And kisses her lips
Through a poem

Her beauty is that
Of alcoholic innocence
Oozing tears
From the orbits of the mind

Her breath approaches mine
To get confused
In the infinity
Of our beats

Our hearts are liquid crystal
In the furnace of time
Where a vortex of fire
Will join us forever

Behind the Curtain

Power hungry,
we worship our sins,
among the truths of convenience
and the death of conscience

The light shines
on the valley of the losers,
while we are shipwrecked
in the oasis of burning memories

A thundering smile
will shine in the flames:
revenge of the people
no longer dormant;
climbing the sun,
riding the wind,
we will touch Heaven with the mind

Our science
poisons the earth
with the icy silence
of indifference

And a pitiful curtain,
fallen on the world,
hides our faults
in the abyss of time...

A thundering smile
will shine in the flames:

revenge of the people
no longer dormant;
climbing the sun,
riding the wind,
we will touch Heaven with the mind

Crucified and motionless,
we will advance with hesitant steps
towards the new temple,
in the reverse metaverse
of any excess

Midsummer

The slow rain
That wets my head
Often wakes me up

Happiness

Suffused happiness
in the sweet spring sun
I have searched and stolen you
in the shadows of the past

Down among the vices of hell
I mistook you for eternity
But you were further and further away
more painful and more unhealthy

I looked for you in every face
in the rest of a smile
In the glimpse of love
that choked my heart

The Inevitable and Lucid Appearance of Things

And from a dream I woke up
in the shadow of the future,
in the unconscious remission
of a steel silence

Incredulous and uncertain,
I walked on the path of an idea,
between the devouring jaws
of the pillory of time

I advanced into the night
throughout the dawn of the mind,
avoiding the inevitable,
reaching the unattainable

And in a dream I woke up
at the peak of the present,
in the inevitable and lucid appearance
of all things

Read the warnings carefully

(This is not a poem)

I don’t know how to show my virtues,
I can’t understand the meaning
of my name in the impetus of sudden impulses

I don’t know how to talk about this
and that with people
and I don’t care about free reviews
of those who do not know me

I decided to be “me” since I was born,
with all the pros and cons of my choice

I deliberately missed
what many people call “opportunities”
but for me represent only “defeats”

I chose to live as a “loser”
not to lose myself

I was wrong many times,
taking on my responsibilities

I have lived my life
according to my canons
and with all my limits

I have seen so many things,
getting older in them

I hated myself endlessly
to rediscover the meaning of love

Thirty Pieces of Silver

Through the ruins of our innocence,
the sacrificial altar of hate
celebrates his victory

The infinite sky of mercy
hides in the rubble silence
of a burning country

The war with the grim brow
has cut off the flower of our youth
in the ambition of an ominous triumph,
among the dying orchids
of our dreams

The tears of the past
come back to the earth
and the mutilated bodies of soldiers
are the emblem
of mankind'sfailure

The insatiable thirst for power
has devoured his children,
in the "cradle of giants"

And the shame of a cup of blood,
"poured out for peace,"
will tear our eyes out
to obstruct us from seeing
the darkness of darkness

The torment of the stars
will call us to them
to bring us back to the origins:
to that primeval innocence
sunk in the mud
and sold for thirty pieces of silver

House of Souls

The smell of rose
hides a secret,
Held suspended
in the time that was.
The unsuspecting, long dormant
wanderer
has already been killed
and now he's gone

THE OLD INN
NEVER TIRED OF BLOOD
IS HUNGRY FOR YOU
AND INSIDE THE ROOM
THE CRADLE OF DEATH
BREATHES WITH YOU

The night has begun
and never finished
for the man who has already
become a "meal"...
A gray ceiling,
fell on him violently,
choked his chest
and now he's gone

THE OLD INN
NEVER TIRED OF BLOOD
IS HUNGRY FOR YOU
AND INSIDE THE ROOM
THE CRADLE OF DEATH

BREATHES WITH YOU

Downstairs, among the diners,
the smell of evil
you can feel more,
between wine and dishes
of meat and laments
of a man that is gone

The smell of rose
hides a secret,
Held suspended
in the time that was.
The unsuspecting, long dormant
wanderer
has already been killed
and now he's gone

Planet of the Apes

I turn on the TV and see the devil
that hides in the fake respectability
and in the sinuous forms of IGNORANCE
The tales they told us
as children
have vanished,
giving way
to a suitcase of unfinished illusions

The negligence of the ego
has become addicted to the laziness
of a surrendered life;
and the expectations of tomorrow
have given way
to habits
of an “absent” present

Our tired footprints
drag us into the shadow of the sun
and in constant search
of an unattainable dream

A congenital nature
has enslaved us to power,
while an innate instinct
opened us to the way
of HOPE

An unequal fight
stole our pride

and sold us to the circus of time,
where mean monkeys
sing the SHAME
of a broken country

Hic et nunc

(Here and now)

In the technological era of the image,
we have become the by-product
of our futile ambitions

In a massified and degrading world,
we got sucked into the historical regression
of propaganda
We have consecrated ourselves
to the relic of false heroes

Prisoners of an imposed materialism
and disguised as winners,
we advance, blind, in the limbo of the losers

Neurotic, dissatisfied
and prisoners of our sick dreams,
we take our roots in this
bloodthirsty land
We are machines
planned for extinction,
in an anguished labyrinth
called "life"

Cyberman

The idea is time
and lives in the future.
Time, quantified, commodified and ugly,
was stolen from eternity.
The clocks strike the hours of human regress,
in the constant of a destructive capitalism.

The present does not exist,
because we are projected towards a despotic becoming
that doesn't want to stop
the productive machine of power
The past, forgotten and buried in the grave of truth,
is just a perverse lie of convenience.

Human rationality
pretends not to see the horror
and consoles itself among the false myths of progress.
The more visionary the idea,
the more it generates suffering.
After years of incessant experimentation and research,
we can say that we have also achieved immortality:
in fact, we will all converge
in an intangible data collection,
where we will live forever and ever.

Computers will merge with men,
they will abandon their present shape,
and they will enter the fabric of life itself,
developing a more elaborate
and inhumane kind of intelligence.

And in the downward spiral,
of a perpetual embryonic fading,
we will live imprisoned in our creations,
like unsuspecting victims of an idea.

The Homeless Carol

I'm in the street
In the cold wind
The Christmas tree behind
No place to live
I just can feel
My memories inside

But in my dreams, too dark to see
Another world tonight

I wish you a very Merry Christmas
And a Happy New Year!
I wish you a very Merry Christmas
And a Happy New Year!

My dog with me
No family
My ceiling is the sky
I chose my life
I can't deny
The stars became my guide

But in my dreams
I wanna see another world tonight

I wish you a very Merry Christmas
And a Happy New Year!
I wish you a very Merry Christmas
And a Happy New Year!

Santa Claus is coming
I can see him flying
Like when I was a child
I can touch the sky

I've nothing else to give you
Apart from this song
I wish you a very Merry Christmas
And a Happy New Year!

Christmas Lullaby

I wish I could be your Christmas tree
Lighting in the dark, in the coldest wind
I wish I could make all people smile
In this empty world, love will always survive

I wish I could find a melody
Joining all the people in sweet harmony
I wish I could live in fantasy
Thinking all the people are equal and free

Sing me a Christmas lullaby
No more fear, Happy New Year!
Sing me a Christmas lullaby
No more war and genocide!

I wish I could be a magic ship
Bringing light and peace to all refuges
I wish I could stop your pain tonight
Healing these wounds, making better your life

Sing me a Christmas lullaby
No more fear, Happy New Year!
Sing me a Christmas lullaby
No more war and genocide!

I wish you a very Merry Christmas
and a Happy New Year!
I wish you a very Merry Christmas
and a Happy New Year!

Sing me a Christmas lullaby
No more fear, Happy New Year!
Sing me a Christmas lullaby
No more war and genocide!

I wish I could cross space and time
Staying with you till the end of the time
I wish I could change myself my dear
A very merry Christmas and a Happy New Year!

Purple Cloud

I put my life in a dream
I tried to steal the sky
I lived in silver lies
Tapped within their world

It's said a man, it's said a man
One day will fly away
It's said a man, it's said a man
Will taste the sky again

I saw an angel flying
I heard his voice more times
In my confused mind
While I slowly died

It's said a man, it's said a man
One day will fly away
It's said a man, it's said a man
Will rise from the grave again

Childhood in my memories
White cloud of my dreams
Pleasantly makes me drunk
Moving away my fear
Moving away my fear
Moving away my fear

Child

Empty, empty is how I feel
There is nothing to believe
But my sadness and my being
Covered now by my fear

There was no comfort
When we were growing up
'Cause nothing is real
And now my todays
Become my yesterdays
'Cause nothing is real

Empty, empty is how I feel
Like a sliver in my dreams
I see shadows dancing in me
And I miss me like my tears

There was no comfort
When we were growing up
'Cause nothing is real
And now my todays
Become my yesterdays
'Cause nothing is real

And now I'm falling again
Sometimes I wish I could sleep!!!

There is no comfort
When we are growing up
'Cause nothing is real

There is no comfort
Pain now is building up
And nothing is real

Black Kiss

All I know... surrender
Sleep into the world I like
If you want to trash me
Notice that I'm still alive
If you know, surrender
Wake up your deep silence now
Now you should surrender
See your revolution now?

If you wanna this simple level
If you wanna this evil life
If you wanna this evil highway
If you wanna cry

Flames are lighting in me
Fire is burning in my mind
If I'm going nowhere
You will follow me right now
Fire and flames inside me
Our souls are burning now
Riot seems a mirror
Every noise is killing now

If you wanna this simple level
If you wanna this evil life
If you wanna this evil highway
If you wanna cry

I hear voices inside me
Only love can work out my soul

But my hell is inside me
Nothing left to fear again

If you wanna this simple level
If you wanna this evil life
If you wanna this evil highway
If you wanna cry

Yesterday is Today

Today, I've lost my faith
Memories in my mind
Today, I've heard old tales
All my dreams inside

I would leave empty spaces
I would close my eyes
I would leave empty spaces
I would kill my pains
Maybe I've lost myself
I think I've lost myself

Today, I'd like to touch you
I'd like to touch you, I'd like to touch you

Today, I like to run
to the picture of sun
Today, I am paying
I don't know my way

I would leave empty spaces
I would close my eyes
I would leave empty spaces
I would kill my pains
Maybe I've lost myself
I think I've lost myself

Today, I'd like to touch it
Again, I'd like to feel it

Right now, one more time
Her skin, her sad smile

Today, today, today…

Bitter Candy

You can be my heroine now
Night is coming, I'm not crying
You can beat me, you can love me
You can taste me, you can hate me

I don't care what you say
I don't mind, I know you are lying

There's nothing to believe in but me
I'm so tired you have broken all my dreams
Another day I've lived without the sun
Another day devoured by black bugs

I'm not fine and lost in time
Where's my life? Where's my mind?
Nothing changes, nothing saves me
I curse the day I met you again

I don't care what you say
I don't mind, I know you are lying

There's nothing to believe in but me
I'm so tired you have broken all my dreams
Another day I've lived without the sun
Another day devoured by black bugs

Amber Yellow

Amber yellow goes through my veins
Total revenge of my deepest pain
Troubled godlike fervor
Dissolving in the dark

Lost muddy shallows
Paint this world in yellow
And all my dreams
Are inside so yellow

You become so yellow
Your soul is so yellow
You are destroyed by yellow
Inside this sorrow

Amber yellow
Stuck in my head
It's a disgrace and my only faith
In this time of anger
I feel like a stranger

You become so yellow
Your soul is so yellow
You are destroyed by yellow
Inside this sorrow

Amber yellow's again with me
Making a crack in my heart again
Amber yellow shines in my brain
Dissolving in the dark

Senselessly

And you find it senseless
Passing by life
Waiting for signs
And you don't know
Why you are there
You repeat yourself
Repeating your life
Repeating the same performance again
Again and again and again and again

Love is lost in the silence
Bloody lines, senseless freedom
Many stares to the horizon
Many stares to the horizon

I'm wearing my skin
And going nowhere
I think we will find a solution again
I'm staring at you
While you are crying
Love is lost in the silence again
I'm praying on a grave
To reach the faith
To lay forever and ever again

Love is lost in the silence
Bloody lines, senseless freedom
Many stares to the horizon
Many stares to the horizon

Love is lost in the silence
Love is lost in the silence
Love is lost in the silence
Love is lost in the silence...

Radio Mist

This detuned radio
Breaks my heart, baby
My sweet girl loves me
I'm her new hobby

Where's my mind, baby?
It's too far, honey

No help there, no way out
Somebody is knocking at my door,
My love!

This detuned radio
Brings me far, baby
Where's your love, honey?
Maybe it's gone, baby

Radio mist calls me
Save my life, please me

No help there, no way out
Somebody is knocking at my door,
My love!

No help there, no way out
Somebody is knocking at my door,
My love!

Drink my blood, honey
In this mist, kill me

Where am I, honey?
It’s my house, baby

What a place, honey!
It’s your mind, baby

No help there, no way out
Somebody is knocking at my door
My love!
No help there, no way out
Somebody is knocking at my door
My love!

Ritual

Can you feel dead souls awake?
Jump inside the magic lines
The shadow light divides the end
And I know you feel the sound

Come with me throughout the storm
You, alone inside the dream
Starting now the game of night
And I know you feel the sound

Other kinds of pain for you
Bring your mind, your eyes away
Every life is not the same
And I know it's not too late

Last Day in Paradise

Back to the time
When you opened your eyes
And the darkness of sin
In disguise
Twisted your mind

It's so hard
To pretend to be alive
When the torments of youth
Dig inside of you
Changing your life

It's your last day in paradise
The light will fade away
It's your last day in paradise
You'll walk to hell again
Yeah, yeah

Breeze, take me home
On the back of your wind
To that place where you know
We can live
With memories

It's your last day in paradise
The light will fade away
It's your last day in paradise
You'll walk to hell again
Yeah, yeah

Please, take my hand,
We can stay till the end
In the invisible garden
Of dreams
Forever free

Il Terebinto Edizioni è una casa editrice indipendente fondata ad Avellino nel 2011 dal desiderio di preservare e di dare nuovo slancio alla ricerca storica, con particolare attenzione alla storia meridionale.

Grazie ai molti lettori che hanno sostenuto fin da subito, in edicola e in libreria, la nuova inizativa editoriale, il Terebinto ha sviluppato negli anni la sua attività aprendo il catalogo anche alla narrativa e alla poesia. A quest'ultima sono state dedicate diverse collane tra cui "Carmina Moderna" che ha fatto da volano per l'organizzazione dei concorsi nazionali "Riscontri Letterari" e "Riscontri Poetici".

Per scoprire di più visita il sito

www.terebintoedizioni.it

www.ingramcontent.com/pod-product-compliance
Lightning Source LLC
LaVergne TN
LVHW091315150826
845673LV00006B/1651

* 9 7 8 8 8 3 1 3 4 0 5 9 5 *